엮은이 카렌 포스터
유럽에서 22년 동안 편집자, 편집장으로 일하면서
주로 전문 잡지와 도감 들을 만들었어요.
그 밖에 눈에 띄는 참고서와 음악 제품 들을 만들어 냈지요.
여러 나라 말을 할 수 있어서 번역가로도 일했어요.

그린이 레베카 엘리엇, Q2 Media
레베카 엘리엇은 영국의 켄트 주립 대학을 마치자마자
어릴 때부터 꿈꿔 왔던 화가가 되었어요.
지금은 영국과 미국의 이름난 아동 출판사에서
그림책이나 참고서에 예쁘고 즐거운 그림을 그리고 있어요.
Q2 Media는 어린이들이 보는 참고서에 그림을 그리는 모임이지요.

옮긴이 김혜선
연세대학교 영문학과를 마친 뒤, 어린이 책을 만들고 있어요.
쓴 책으로는 《신발》《은혜 갚은 짐승들》《식물이 사라졌어》,
옮긴 책으로는 《애들은 애들이지》《날고, 걷고, 헤엄치고》
《비눗방울 편지》《개구리 한 마리》 들이 있어요.
어린이들한테 소중한 꿈, 작은 생각 씨앗을 심어 주는 마음으로
책을 만들고 있어요.

꼬마 탐험가가 보는 지도책 02

북아메리카

카렌 포스터 엮음 | 김혜선 옮김
초판 1쇄 발행 2009년 11월 16일

펴낸이 | 양원석
편집장 | 최주영
책임편집 | 김지은
디자인 | 바오밥 나무
마케팅 | 정도준, 김성룡, 백준, 나길훈, 임충진, 주상우
제작 | 허한무, 문태일, 김수진

펴낸곳 | 랜덤하우스코리아(주)
주소 | 서울시 강남구 삼성동 159번지 오크우드호텔 별관 B2(우135-525)
내용 문의 | 02) 3466-8915
구입 문의 | 02) 3466-8955
등록번호 | 제2-3726호(2004년 1월 15일 등록)
홈페이지 주소 | www.jrrandom.co.kr

ISBN 978-89-255-3464-0 74980
ISBN 978-89-255-3462-6 (세트)

값 10,000원

YOUNG ADVENTURER ATLAS : NORTH AMERICA
Copyright ⓒ 2007 by Diverta Ltd
Korean Translation copyright ⓒ 2009 by Random House Korea, Inc.
All rights reserved.
Korean translation rights arranged with Diverta Ltd, London through EYA (Eric Yang Agency), Seoul.

이 책의 한국어판 저작권은 EYA(Eric Yang Agency)를 통해 Diverta Ltd와 독점 계약한 랜덤하우스코리아(주)에 있습니다.
신 저작권법에 의해 한국 내에서 보호를 받는 저작물이므로 무단 전재와 무단 복제를 금합니다.

* 맞춤법과 띄어쓰기는 국립국어원의 기준에 따랐습니다.
* 잘못 만들어진 책은 구입하신 곳에서 교환해 드립니다.
* 주의 : 책 모서리가 날카로워 다칠 수 있으니 사람을 향해 던지거나 떨어뜨리지 마십시오.

# 꼬마 탐험가가 보는 지도책 02
북아메리카

카렌 포스터 엮음 | 김혜선 옮김

주니어랜덤

차례

북아메리카에 온 것을 환영해요!	4-5
나라	6-7
지형	8-9
물길	10-11
기후	12-13
식물	14-15
동물	16-17
인구	18-19
민족과 풍습	20-21
가 볼 만한 곳	22-23
산업	24-25
교통	26-27
미시시피 강을 따라서	28-29
용어 풀이와 찾아보기	30-31
한눈에 보기	32

북아메리카에 온 것을 환영해요!

세계는 크게 일곱 개의 땅덩이로 이루어져 있어요. 유럽, 북아메리카, 남아메리카, 아시아, 아프리카, 오세아니아, 남극으로, 이를 '대륙'이라고 하지요.

북아메리카는 북쪽으로는 북극, 남쪽으로는 열대 지방까지 걸쳐 있어요.

남극권은 지구 바닥에 빙 둘러 그린 상상의 선이에요. 남극의 끝이 어디인지를 나타내지요.

나침반을 보면 어느 쪽이 동서남북인지 알 수 있어요.

북아메리카는 세계에서 세 번째로 큰 대륙이에요. 캐나다, 미국, 멕시코 같은 큰 나라들과 그린란드, 중앙아메리카와 카리브 해의 작은 나라들이 북아메리카에 들어가지요.

북극점

북극해

북극권은 지구 위쪽에 빙 둘러 그린 상상의 선이에요. 북극의 끝이 어디인지를 나타내지요.

북극권

아시아

유럽

북회귀선과 남회귀선은 적도 북쪽과 남쪽에 빙 둘러 그린 상상의 선이에요. 이 두 회귀선 사이에 놓인 곳은 덥고 습하지요.

북회귀선

아프리카

태평양

인도양

적도

적도는 지구 가운데를 빙 둘러 그린 상상의 선이에요. 적도 부근은 세계에서 가장 덥고 비가 많이 오지요.

남회귀선

오세아니아

남극해

남극권

남극점

축척자는 축척을 나타내는 자예요.
축척은 지도 상 거리와 실제 거리의 비율을 가리켜요.
축척자로 지구 표면의 실제 거리가 얼마인지 알 수 있어요.

나라

북아메리카에는 크게 다섯 부분으로 나뉘어요.
북쪽에는 커다란 나라 캐나다가 자리하고 있어요.
러시아 다음으로 세계에서 두 번째로 큰 나라지요.
가운데에는 미국이 자리하고 있어요. 미국은 50개 주로 되어 있으며, 북서쪽의 알래스카가 가장 큰 주예요.
덴마크에 들어가는 그린란드도 북아메리카에 있어요.
북극과 가장 가까운 나라지요.
멕시코는 중앙아메리카에서 가장 큰 나라로 사막과 화산, 열대 우림이 있는 곳이에요.
카리브 해의 수백 개의 섬에도 많은 나라가 있어요. 그 가운데 가장 큰 나라가 쿠바지요. 카리브 해에는 사람이 안 사는 작은 섬도 많아요.

100년 전 미국의 흑인들은 재즈와 블루스 음악을 만들었어요. 뉴올리언스가 재즈의 고향이지요.

어떤 언어를 쓰나요?

미국은 세계 여러 나라에서 온 사람들이 사는 나라예요. 유럽이나 아프리카, 아시아에서 온 사람들과 원주민들이 미국의 다문화 사회를 이루고 있지요. 미국과 캐나다에서는 거의 영어를 써요. 캐나다 퀘벡에서는 프랑스 어를 써요. 그린란드에서는 아이슬란드 어나 토속어인 이누이트 어를 써요. 멕시코와 중앙아메리카에서는 에스파냐 어를 쓰지요. 한때 에스파냐가 다스렸던 곳이라서 유럽 사람의 후손이 많아서예요.

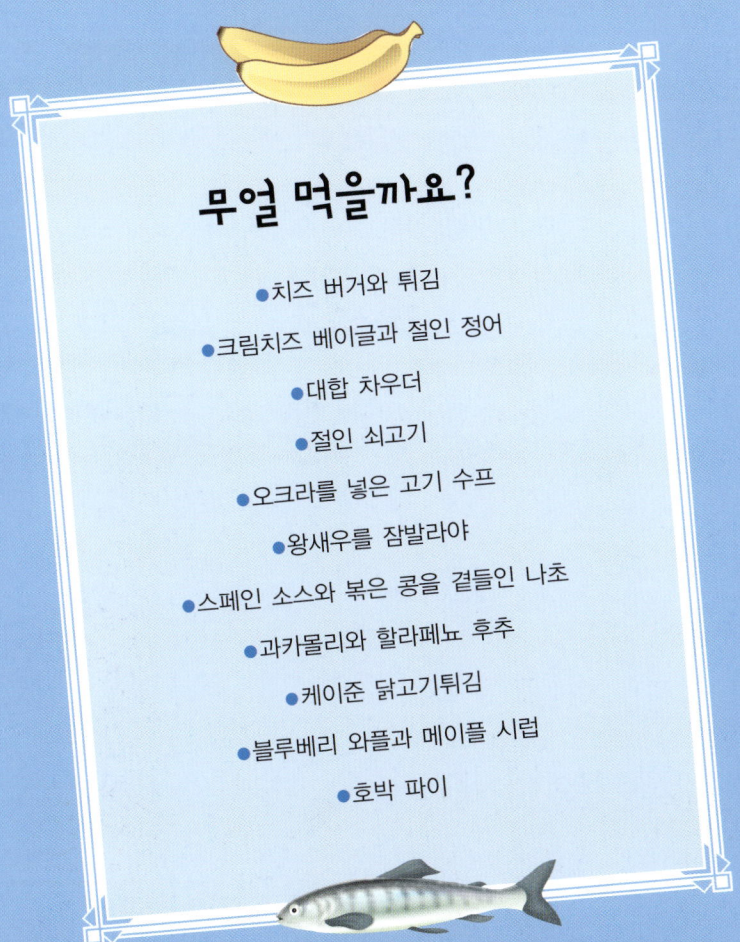

무얼 먹을까요?

- 치즈 버거와 튀김
- 크림치즈 베이글과 절인 청어
- 대합 차우더
- 절인 쇠고기
- 오크라를 넣은 고기 수프
- 왕새우를 잠발라야
- 스페인 소스와 볶은 콩을 곁들인 나초
- 과카몰리와 할라페뇨 후추
- 케이준 닭고기튀김
- 블루베리 와플과 메이플 시럽
- 호박 파이

멕시코의 거리 악대가 바이올린과 기타, 트럼펫으로 신 나게 연주해요. 악사들은 장식 단추가 화려한 차로를 입고 챙 넓은 모자를 써요.

지형

북아메리카의 자연은 여러 모습이에요. 남서쪽으로는 긴 산맥과 드넓은 평원, 뜨거운 사막이 있고, 북쪽으로는 얼어붙은 평야가 있어요. 서쪽 해안을 따라 눈 덮인 로키 산맥이 4600킬로미터가 넘는 길이로 뻗어 있어요. 로키 산맥과 애팔래치아 산맥 사이는 넓고 큰 들판이에요. 이곳은 옛날에는 널따란 초원이었지만, 지금은 커다란 농경지로 쓰이고 있어요.
로키 산맥 남쪽으로는 사막이 네 군데 있는데, 저마다 기후가 달라요.

두 개의 화산

멕시코에는 화산이 많아요. 그 가운데 하나가 포포카테페틀 산이에요. 포포카테페틀 산은 지금도 가스 구름과 수증기를 내뿜고 있지만, 산꼭대기에는 눈이 많고 일 년 내내 얼음으로 뒤덮여 있어요.
태평양의 하와이 섬에는 마우나로아 산이 있어요. 지구 상에서 가장 큰 화산이지요. 마우나로아 산은 하와이 섬의 대부분을 차지하고 있으며, 높이가 4169미터나 되어요.

포포카테페틀 산은 아즈텍 말로 연기를 내뿜는 산이라는 뜻이에요. 아주 오랫동안 만들어진 산이지요.

매머드 동굴 국립 공원

켄터키 주의 매머드 동굴 국립 공원은 커다란 미로 같아요. 지금까지 동굴의 아주 일부만 발굴되었지요.
먼 옛날 이곳은 바다였어요. 오랜 시간이 흐르면서 바닷물이 빠지고, 커다란 바위가 드러났지요. 그 뒤, 크고 작은 지하수들이 흐르고 소용돌이치면서 바위 속에 길을 만들게 되었어요. 세계에서 가장 긴 동굴은 이렇게 만들어진 거예요.

그랜드 캐니언

미국 애리조나 주에 있는 그랜드 캐니언은 세계에서 가장 깊은 협곡이에요. 콜로라도 강의 빠른 물살에 오랜 시간 깎이고 깎여 깊은 골짜기가 된 것이지요. 협곡의 깎아지른 단층은 모양과 성질이 서로 다른 암석으로 이루어져 있어요. 단층 가운데에는 20억 년 전에 만들어진 것도 있지요.

해질 때의 그랜드 캐니언은 아름답지요.

서부의 **로키 산맥**은
북아메리카의 척추예요.
곳곳에 호수가 있고,
산은 상록수로
우거졌지요.

캐나다는 넓은 땅만큼이나
매우 다양한 경치를 자랑해요.
또 해안선이 세계에서 가장 길지요.

로키 산맥에는 10여 개의 국립 공원이 있어요.

알래스카의 **매킨리 산**은
미국에서 가장 높은 산이에요.

그레이트베이슨은
독특한 분지예요.
사막과 초원이 있지요.
짠물 호수와 암석(풍화암),
관목림을 볼 수 있어요.

매킨리 산

로키 산맥

그레이트플레인스

그레이트베이슨 사막

매머드 동굴 국립 공원

애팔래치아 산맥

모하비 사막
그랜드 캐니언
소노라 사막
치와와 사막

그레이트플레인스의
넓은 초원에 미주리 강과
미시시피 강이
엇갈리며 흘러요.

하와이
마우나로아 산

포포카테페틀 산

부호
- 산맥
- 사막
- 지진
- 평원
- 고원
- 화산
- 동굴

알고 있나요?

캘리포니아 주의 땅이 흔들리고 있어요.
산안드레아스 단층을 경계로 지각의 두
판이 저마다 다른 방향으로 천천히 움직
이고 있어요. 이 때문에 엄청난 지진이
일어나기도 하지요.

남서쪽의 사막과 협곡에
는 탁자 모양의 부서져
가는 암석이 있어요. 메
사라고 하는 이 암석은
바람에 깎이고 있지요.

바람으로 만들어진 탁자 모양의 메사

짠물 호수가 어디에 있나요? **9**

물길

캐나다는 세계에서 호수와 강이 가장 많은 나라예요. 많은 국립 공원이 물을 보호하려고 만들어졌지요. 미국과 캐나다 국경에 널리 이름난 폭포가 있어요. 바로 나이아가라 폭포예요. 말발굽 모양의 이 폭포는 지금도 엄청난 물보라를 일으키며 세차게 떨어지고 있지요. 동쪽에는 커다란 미시시피 강과 미주리 강이 로키 산맥과 애팔래치아 산맥 사이의 넓은 들판을 따라 흘러요. 와이오밍 주에 있는 옐로스톤 국립 공원의 아름다운 폭포와 간헐천, 온천은 세계에 이름나 있지요.

그랜드 캐니언

콜로라도 강은 암석으로된 땅을 깎아 협곡을 만들었어요. 바로 그랜드 캐니언이지요.

콜로라도 강의 깊은 협곡

나이아가라 폭포

엄청난 모습을 자랑하는 나이아가라 폭포는 북아메리카 대자연의 신비 가운데 하나예요. 미국과 캐나다의 경계를 이루고 있지요.

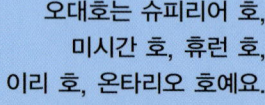
말발굽 모양의 나이아가라 폭포

오대호

민물 호수들이 모여 세계에서 가장 큰 오대호가 되었어요. 미국과 캐나다의 국경에 걸쳐 있지요.

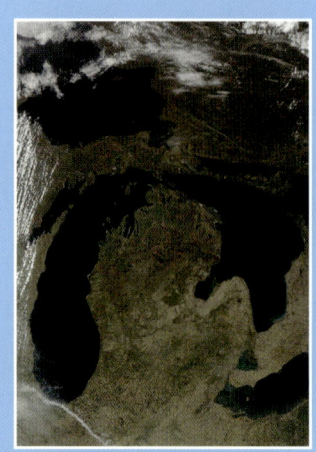

오대호는 슈피리어 호, 미시간 호, 휴런 호, 이리 호, 온타리오 호예요.

옐로스톤 국립 공원

옐로스톤 국립 공원은 커다란 화산 분화구의 꼭대기에 600킬로미터쯤 뻗어 있어요. 간헐천에서는 뜨거운 수증기가 나오고 진흙이 부글부글 거품을 내며 솟아오르고 있어요. 지구 깊은 곳의 화산 활동으로 뜨거워진 온천이지요.

세계에서 가장 높은 간헐천, 옐로스톤 국립 공원의 스팀보트

바람이 빙하에서 산 아래로 불어와요. 산은 마치 얼어붙은 강 같아요.

얼음과 빙하가 **알래스카**를 뒤덮고 있어요. 겨울에는 빙산들이 북쪽으로 가는 바닷길을 막고 있지요.

유콘 강
매켄지 강
그레이트베어 호
이타스카 호
옐로스톤 국립 공원
크레이터 호
솔트레이크 시티
미시시피 강
미주리 강
콜로라도 강
오하이오 강
나이아가라 폭포
오대호
세인트로렌스 강
플로리다키스 제도
멕시코 만
캘리포니아 주

오리건 주의 **크레이터 호**는 미국에서 가장 깊은 호수예요. 수천 년 전 화산 분화구에서 만들어졌지요.

유타 주의 **솔트레이크 시티**는 커다란 짠물 호수 둘레에 만들어졌지요.

동쪽 해안을 따라 플로리다키스 제도로 이어지는 해안선은 만과 곶으로 들쭉날쭉하지요.

북아메리카 대부분의 강은 커다란 **미시시피 강**으로 흘러들어요. 미네소타 주의 **이타스카 호**에서 시작된 물길은 루이지애나 주를 거쳐 멕시코 만 바다에 이르지요.

부호

빙산 · 강 · 호수 · 폭포

어떤 강이 커다란 협곡을 만들었나요? **11**

기후

북아메리카는 남부의 뜨거운 열대 우림, 중부의 널따란 초원, 북부의 얼어붙은 북극까지 뻗어 있어요.
땅이 넓은 만큼 기후도 다양해요.
그린란드는 흐린 겨울 하늘빛의 추운 땅, 커다란 빙하와 황량한 눈의 땅이에요.
캐나다 일부와 알래스카는 메마른 거친 땅과 드넓은 침엽수림이 있는 북극 기후예요.
거꾸로 미국 내륙에는 타는 듯 메마른 사막도 있어요.
멕시코 가까이에 있는 나라들은 열대 지방의 폭풍인 허리케인이 카리브 해를 쓸고 지나가면 강한 바람과 거센 파도로 섬들은 큰 피해를 당하기도 해요.

가을의 단풍나무

북아메리카의 북동쪽에는 자작나무와 단풍나무가 우거진 숲이 있어요. 가을이 되어 날이 서늘해지면 잎이 빨강 노랑으로 바뀌지요.

미국 뉴잉글랜드의 가을

기후 변화

세계가 더워지고 있어요. 그린란드의 드넓은 얼음 땅이 서서히 녹고 있다고 과학자들이 경고하지요. 얼음 땅이 모두 사라진다면, 세계의 해수면은 6미터쯤 올라갈 거예요. 이렇게 되면 많은 섬과 해안이 바다 밑으로 사라지게 되지요.

토네이도 앨리

미국에서는 회오리바람 토네이도가 해마다 900번 넘게 일어나요. 토네이도는 멕시코의 더운 공기가 그레이트플레인스를 넘어오는 로키 산맥의 찬 공기와 만나면서 일어나지요. 시커먼 깔때기 모양의 회오리바람으로 지붕이 날아가기도 해요. 토네이도가 자주 일어나는 캔자스 주, 네브래스카 주, 아이오와 주, 미주리 주를 통틀어 토네이도 앨리라고 해요.

토네이도가 그레이트플레인스를 휩쓸고 지나가요.

알래스카에서 북극의 겨울은 길고 어두우며, 꽁꽁 얼어붙을 만큼 추워요. 밤하늘에서는 희미하게 반짝이는 북극광(오로라)를 볼 수 있어요.

그린란드의 여름은 시원하고 겨울은 매섭게 춥지요.

캐나다의 북서 지방은 북극권 안에 있는 얼음 땅이에요.

북극광이 알래스카 하늘에서 빛나고 있어요.

북극권

알래스카

로키 산맥

캐나다

그레이트베이슨 사막

플로리다키스 제도

태평양

서쪽 바다에서 불어오는 바람은 태평양 북부 연안과 **로키 산맥**에 많은 비를 가져와요.

그레이트베이슨 사막의 암석은 바람과 물의 작용으로 아치형이나 뾰족한 봉우리 모양을 이루고 있어요.

태평양 연안의 **캘리포니아 주**는 긴 모래 해변이 있는 따뜻하고 햇빛이 잘 드는 곳이에요.

온난한 **남서 지방**에는 하얀 모래가 반짝이는 뜨겁고 메마른 사막이 있어요.

중서부 평야의 여름은 따뜻하지만, 겨울은 춥고 눈이 많이 내려요.

부호	
	토네이도
	햇빛
	비
	눈
	추움
	빙하
	바람

때때로 휘몰아치는 열대성 폭우와 허리케인이 남부 해안의 건물들을 파괴하지요.

북극광은 어디서 빛나고 있나요? **13**

식물

상록수는 겨울에도 잎이 푸른 억센 나무예요. 침엽수라고도 하지요. 상록수림은 북아메리카 북부와 서부에서 볼 수 있어요. 캘리포니아 주에서 로키 산맥에 이르는 곳이에요. 가장 오래되고 큰 나무는 레드우드(미국삼나무)로, 레드우드 숲은 국립 공원으로 보호되고 있어요. 동부는 낙엽수림이어서 계절에 따라 빛깔이 바뀌는 나무들을 볼 수 있어요.
중부의 대초원은 넓고 판판한 풀밭으로, 나무가 거의 없지요.

커다란 선인장

서와로 선인장은 애리조나 주와 멕시코의 사막에서만 자라요. 세계에서 가장 큰 선인장으로, 18미터까지 자랄 수 있지요. 서와로 선인장은 가시돋힌 커다란 가지에 엄청난 빗물을 모아 두어요. 새들은 꽃에서 즙을 빨아 먹고, 동물들은 달걀 모양의 열매를 따 먹지요. 부엉이와 딱따구리는 서와로 선인장의 줄기에 구멍을 뚫어 둥지를 틀어요.

서와로 선인장에 있는 작은 새 둥지

프레리

북아메리카의 로키 산맥 동부에서 미시시피 강 유역 중부에 이르는 온대 내륙에 넓게 발달한 초원이에요. 프레리에는 풀이 아주 많이 자라요. 프레리에 내리는 비의 양은 동쪽에서 서쪽으로 갈수록 줄어들어요. 그래서 동쪽 지역에는 주로 키가 큰 풀이 자라고, 서쪽 지역에는 키가 작은 풀이 자라요.

커다란 레드우드 숲

캐나다와 미국에는 레드우드 숲이 많아요. 캘리포니아 주의 레드우드는 세계에서 가장 큰데, 나무의 높이가 100미터나 돼요. 레드우드 가운데에는 수천 년을 산 것도 있지요. 자이언트 세쿼이아의 나무줄기는 레드우드보다 더 두껍지만 키는 레드우드만큼 안 커요. 세쿼이아 나무껍질은 아주 두껍지만 부드러워요. 그래서 맨손으로 상처 하나 안 내고 구멍을 낼 수 있을 정도예요. '제너럴 셔먼'이라고 하는 나무가 있어요. 이름난 군인의 이름을 딴 나무인데, 이 나무 지름은 11미터가 넘어요. 나무 뒤에 버스를 숨길 수 있을 만큼 크지요.

레드우드는 엄청나게 커서 쉽게 눈에 띄어요.

동물

북부의 추운 숲에 사는 동물들한테는 긴 겨울을 따뜻하게 보낼 수 있는 두꺼운 외투가 있어야 해요.
캐나다스라소니는 발에 북슬북슬한 털이 있어서, 눈 위를 소리 없이 걸어 사냥할 수 있어요. 비버의 피부는 매끄럽고 물에 안 젖어서, 강둑에 집을 짓고 살아도 끄떡없어요. 회색곰도 따뜻한 털 덕분에 얼음물에서 연어를 잡을 수 있지요.
따뜻한 남쪽으로 가면 프레리도그, 산토끼 그리고 알록달록한 뱀들이 뜨거운 사막에서 살아가고 있어요.
플로리다 주의 에버그레이즈에서는 물새들이 물고기를 잡으려고 물로 뛰어들고, 악어는 햇볕을 쬐고 있지요.

회색곰

회색곰은 커요. 뒷발로 서면 사람보다 키도 크고 몸무게도 많이 나가지요. 북슬북슬한 옅은 밤빛의 털끝에 하얀빛이 돌아 잿빛처럼 보이지요. 회색곰도 다른 곰들처럼 동물, 식물을 다 먹어요. 먹을 것이 없으면 마을의 집이나 쓰레기통 가까이까지 오기도 하지요.

회색곰

나비 나무

캐나다에는 해마다 가을이면 밝은 주황빛의 모나크나비 수십만 마리가 모여 이동하려고 해요. 따뜻한 플로리다 주와 멕시코에서 겨울을 보내려는 거지요. 모나크나비들은 3000킬로미터 넘게 날아가요. 숲 위를 날아가다 떼지어 나무에 매달린 모습이 주황빛 나무 같아요.

철새

계절이 바뀔 때 먹이를 찾아 이동하는 새들이 있어요. 철새라고 해요. 미국에서 캐나다거위가 떼 지어 날아가는 소리가 들리면 봄이 오는 신호예요. 봄이 되면 짝짓기를 위해 북극권을 향해 날아가거든요.
캐나다거위들은 머나먼 북쪽, 나무 한 그루 없는 거친 땅에 둥지를 틀어요. 가을이 되어 호수와 강이 얼기 시작하면 다시 따뜻한 남쪽 멕시코 만으로 날아와 겨울을 나지요. 활 모양으로 줄지어 날아가다가 습지나 들판을 지나면서 잠깐 쉬기도 해요.

캐나다거위들이 커다란 무리를 이루어 이동해요.

인구

북아메리카에는 많은 도시가 있고, 거기에 많은 사람이 살고 있어요.

북아메리카에서 가장 큰 도시인 뉴욕은 세계에서 가장 이름난 도시 가운데 하나예요. 널리 알려져 있는 자유의 여신상과 멋진 빌딩이 빽빽하게 늘어서 있지요.

북아메리카의 넓은 지역에는 사람들이 거의 안 살아요. 이를테면, 세계에서 두 번째로 큰 나라인 캐나다, 미국에서 가장 큰 주인 알래스카는 모두 인구가 아주 적지요.

멕시코시티는 인구도 많고 문제도 많아요. 교통이 복잡하고, 공해가 심각하며, 아주 가난하지요. 인구의 반 이상이 판잣집에 살고, 수천 명의 어린이가 거리에서 살아가고 있어요.

뉴욕은 사람들로 붐벼요. 땅이 좁은 까닭에 빌딩들이 하늘을 찌를 듯 솟아 있으며, 사람들은 그 속에서 살아가지요.

아메리칸드림

지난 500년 동안 세계에서 6000만 명이 넘는 사람이 미국으로 옮겨 와 살았어요. 모두 부와 자유라는 꿈을 찾아 온 것이지요. 사람들은 저마다 공동체를 이루어 나름의 문화를 지키고 있어요.

북아메리카의 이름난 도시

북아메리카의 대도시는 생동감과 다채로움, 시끌벅적한 소리로 가득해요.

세인트로렌스 강 언저리의 **몬트리올**은 퀘벡에서 가장 큰 도시예요. 발달된 항구 도시로서, 산업과 상업, 문화 중심지이지요.

샌프란시스코에는 차이나타운이 있어요. 이곳에는 중국풍의 가게가 많이 있지요. 위로 솟은 지붕이 특징이에요.

샌프란시스코의 차이나타운

현대 도시 **멕시코시티**는 세계에서 가장 큰 도시에 들어가요. 이곳은 고대 아즈텍 문명의 중심지인 테노치티틀란에 세워진 도시예요.

시카고는 바람의 도시라고도 해요. 바람이 커다랗고 높은 건물들을 휘감아 세차게 불어서지요. 이 번화한 도시는 북아메리카의 오대호 가운데 하나인 미시간 호 끝에 자리하고 있어요.

멕시코시티의 불빛

18 바람의 도시로 알려진 곳은 어디인가요?

캐나다 사람들은 거의 도시나 남부의 미국 국경 둘레에 살아요. 추운 날씨 때문이지요. 프랑스계 캐나다 사람들은 대부분 **퀘벡**에 살아요.

토론토는 캐나다에서 가장 넓은 도시예요. 캐나다 인구의 4분의 1이 살고 있는 '황금 말발굽' 지역 안에 있지요. 사람들은 주로 이곳에서 일하지요.

북극에는 이누이트 족이 살아요.

이누이트 족 어린이들

로키 산맥에는 사람들이 거의 안 살아요. 먹고살 만한 일을 할 수 없어서지요.

그레이트플레인스에는 사람들이 거의 안 살아요. 대부분 목초지예요.

부호

- ⬤ 500만 명 이상 사는 곳
- ● 100~500만 명이 사는 곳
- • 100만 명 이하가 사는 곳
- ⁂ 사람이 많이 사는 곳
- ⁑ 사람이 많이 안 사는 곳
- · 사람이 거의 안 사는 곳

미국 인구의 반 이상이 해안을 따라 만들어진 대도시에 모여 살아요. 이곳은 자연 자원이 풍부해서 지금도 계속 성장하고 있지요.

플로리다 주 해안에는 빌딩이 늘어서 있어요.

오대호 지역의 **세인트로렌스 수로**를 따라 사람들이 많이 살고 있어요. 호수 둘레는 짐을 싣고 나르기가 좋아 산업이 발달했지요.

디트로이트도 인구가 많아요. 유명한 공업 도시로 자동차와 철강 산업에 종사하는 사람들이 모여 살아서지요.

민족과 풍습

여러 인종이 모여 사는 북아메리카는 문화도 여러 가지예요. 지난 100년 동안 유럽, 아프리카, 아시아에서 많은 사람이 옮겨 와서 살고 있지요. 이들은 아메리카 원주민들과 함께 재미있고 다채로운 사회를 이루고 있어요.

독립기념일

미국 사람들은 7월 4일을 미국 생일이라고 해요. 잔치와 거리 행진을 하며 기뻐하지요. 성조기의 별과 줄무늬로 몸을 꾸미고 씩씩하게 행진하는 사람들을 거리 곳곳에서 볼 수 있어요.

꽃 시장

멕시코시티의 주요 건물들은 넓은 광장을 둘러싸고 있어요. 광장 가운데에는 화려한 꽃 시장이 자주 열리지요.

멕시코시티 꽃 시장의 화려한 꽃들

미국 어린이들이 독립기념일 행진을 하고 있어요.

사냥하는 이누이트

북극에는 이누이트가 살아요. 이누이트를 에스키모라고도 하지요. 옛날 이누이트 사람들은 사냥을 해서 털과 고기를 얻었어요. 지금은 원유를 캐내는 일같이 다른 일을 많이 하지요. 아직 개가 끄는 썰매나 썰매차를 타고 사냥하는 이누이트 사람들도 있어요.

중앙아메리카 원주민

멕시코의 시에라마드레 산맥에는 푸레페차 족, 후이촐 족 같은 원주민이 살고 있어요. 이 원주민들은 지금도 인디언 어와 고대 문화를 간직하고 있지요. 푸레페차 족은 나무와 흙에 밝은 빛깔을 내어 민속 예술품을 만들어요. 후이촐 족은 실 염색과 구슬 공예로 이름나 있지요.

개들이 얼음 위에서 썰매를 끌어요.

멕시코 가게의 푸레페차 인형들

아메리칸 인디언

아메리칸 인디언들은 북아메리카에서 2만 년이 넘게 살았어요. 지금은 나라에서 마련해 준 인디언 마을에서 살고 있지요. 인디언들은 대부분 전통 인디언 담요나 장신구를 팔거나 관광객들한테 춤이나 노래를 보여 주며 삶을 꾸려 나가요.

운동 경기

가장 인기 있는 운동 경기는 야구와 농구예요. 둘 다 미국에서 시작되었으며, 수백만의 구경꾼이 경기장에 몰려들지요. 겨울철 캐나다 사람들은 실외 경기장이나 얼어붙은 호수에서 아이스하키를 즐겨요. 아이스하키는 세계에서 가장 움직임이 빠른 팀 경기지요.

아메리칸 인디언들이 전통 춤을 선보이고 있어요.

아메리칸 인디언들이 전통 춤을 선보이고 있어요.

가 볼 만한 곳

북아메리카는 무척 넓은 데다가 멋진 곳이 많아, 한두 번 들러서는 다 둘러볼 수 없어요. 세계에 이름난 곳이 많지요. 해마다 미국 관광객 수만큼이나 많은 다른 나라 관광객이 찾아오고 있어요.

오랜 옛날 아즈텍과 마야 사람들은 중앙아메리카의 후텁지근한 밀림에 전설적인 도시를 세웠있지요. 마야 유적지 **치첸이트사**는 지금도 남아 있지요.

엘로스톤 국립 공원에 가면 들소 떼가 거닐고 있어요. 야생의 신비를 간직하고 있는 이 공원은 수많은 관광객한테 인기지요.

뉴욕의 가장 이름난 상징물은 항구에 있는 **자유의 여신상**이에요. 여신이 항구 위로 높이 들고 있는 횃불은 자유를 나타내요.

카리브 해의 하얀 모래 사장이 관광객을 이끌고 있어요.

로키 산맥의 언덕과 그레이트플레인스가 만나는 곳에 **헤드 스매시드 인 버펄로 점프**가 있어요. 캐나다 앨버타 주에 있으며, 세계에서 가장 오래된 버팔로 사냥터지요. 북아메리카 인디언은 이곳의 가파른 절벽을 오르내리며 들소를 잡아, 아래쪽 야영지에서 고기를 나누었어요.

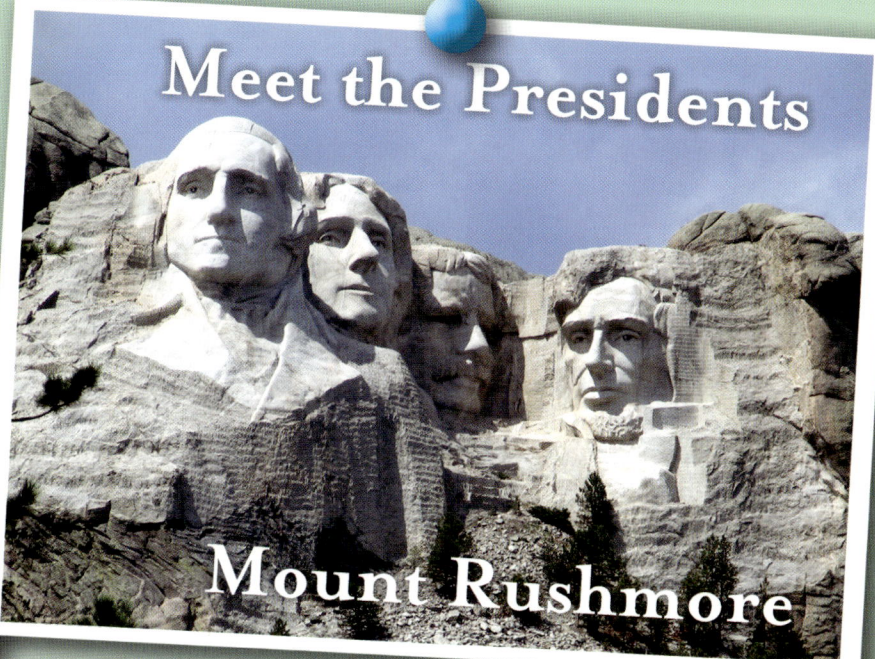

Meet the Presidents
Mount Rushmore

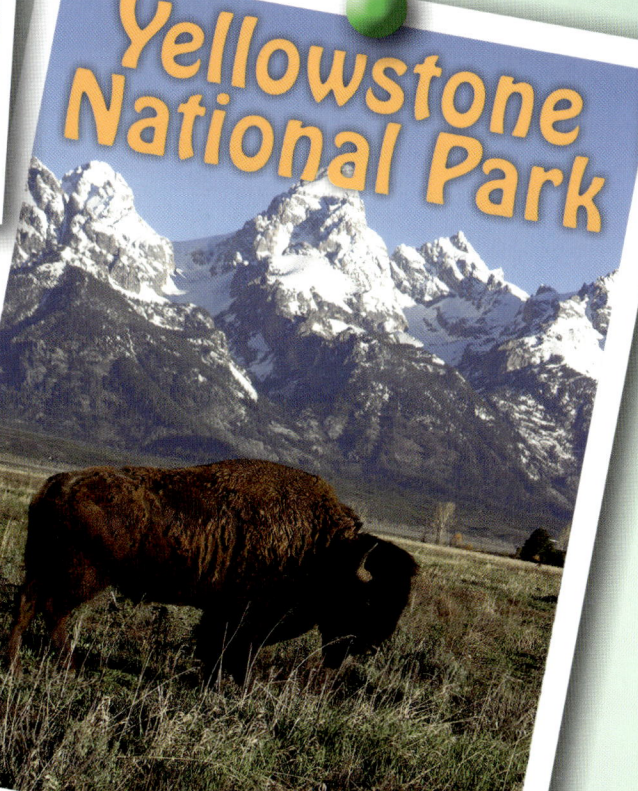

Yellowstone National Park

사우스다코타 주에 있는 **러슈모어 산**에 역대 미국 대통령의 얼굴들이 커다랗게 새겨져 있어요.

알래스카 주의 **매킨리 산**은 북아메리카에서 가장 높아요.

Greetings from Greenland

On top of the world
Mount McKinley

그린란드 북쪽의 **툴레 마을**은 북극권 위쪽에 자리하고 있어요. 커다란 빙산, 반짝이는 얼음 기둥, 고대 바위, 눈산, 아찔한 피오르 해안, 밤에도 환한 백야가 있는 신비한 땅이지요.

23

산업

북아메리카는 천연자원이 풍부한 땅이에요. 목재가 가득한 숲이 북아메리카에 드넓게 펼쳐져 있어요.
캐나다, 미국, 멕시코의 기름진 땅에서는 옥수수, 면, 콩, 밀 같은 갖가지 곡물이 자라요. 석탄, 구리, 철, 석유, 천연가스, 은 같은 귀중한 광물도 있지요.
이런 자원을 바탕으로 캐나다와 미국은 뛰어난 노동자들을 키워 새로운 기술을 개발해 왔어요. 특히 미국은 철강, 자동차 같은 전통적인 공업에서 항공기, 반도체, 우주 산업 같은 첨단 산업까지 모두 발달한 나라예요.

연료 산업

알래스카는 석유와 천연가스가 풍부해요. 캐내어진 원유는 트랜스-알래스카 송유관을 통해 해안선을 따라 항구로 옮겨져요. 캐나다도 커다란 송유 시설을 통해 천연가스를 미국으로 옮겨요. 텍사스는 석유 생산을 통해 미국 어느 주보다도 잘사는 주가 되었지요.

커다란 트랜스-알래스카 송유관

알고 있나요?

미국은 땅이 넓고 농업 기술이 발달해서 옥수수, 밀, 소들을 대규모로 길러서 세계 여러 나라로 수출해요.

실리콘 밸리

캐나다와 미국에서 많은 컴퓨터가 만들어지고 있어요. 캘리포니아 주의 실리콘 밸리에서 마이크로칩과 전자 부품이 만들어지지요.

임업

캐나다는 드넓은 숲으로 덮여 있어요. 숲에는 엄청나게 큰 나무들이 빽빽하지요. 노동자들이 나무들을 베어 내면, 그 나무로 가구를 만들거나 집을 짓지요. 옛날에는 통나무를 제제소로 옮길 때 강물에 떠내려 보냈어요. 그래서 떠내려오는 통나무들을 잡으려고 뾰족한 징을 댄 장화를 신고 일했어요.

강 하류로 떠내려가는 통나무는 커다란 뗏목 같아요.

교통

북아메리카는 대서양 연안에서 태평양 연안까지를 아우르는 매우 커다란 땅이에요.
맨 처음 여기에서 살았던 사람들은 대륙을 가로지르는 교통수단의 중요성을 일찌감치 알고 있었어요.
오래지 않아 최초의 짐마차가 서부 땅을 향해 출발했으며, 그 뒤 긴 철로와 고속 도로가 놓이게 되었지요.
지금은 항공 교통망이 만들어져 몇 시간이면 도시와 도시 사이를 오갈 수 있게 되었어요.

세인트로렌스 수로

세인트로렌스 강은 동부에서 중요한 교통로예요. 강의 하구는 바다로 이어지는 운하 구실을 하고 있어요.
오대호와 대서양을 이어 주지요. 세인트로렌스 수로는 숲과 농경지를 지나, 안개 낀 뉴펀들랜드 섬으로 가요.

강과 운하가 오대호와 대서양을 이어 주지요.

공중에 매달린 금문교

샌프란시스코의 이름난 상징물 금문교(골든게이트교)는 세계에서 가장 큰 현수교 가운데 하나예요. 현수교는 양쪽 언덕에 줄을 건너지르고, 거기에 매달아 놓은 출렁다리를 가리켜요. 뉴욕에도 브루클린교라고 하는 이름난 현수교가 있지요. 6차선의 브루클린교는 브루클린 바깥 지역과 맨해튼의 중심 상업 지대를 잇는 다리예요.

금문교는 샌프란시스코 만 어귀에 있는 3000미터쯤 되는 긴 다리예요.

판아메리카 고속 도로

판아메리칸 고속 도로는 알래스카에서 남아메리카 저지대까지를 아우르는 도로망이에요. 밀림에서 한대의 산에 이르기까지 다채로운 풍경을 지나는 도로지요.

판아메리칸 고속 도로는 15개의 나라를 지나는 중요한 도로망이에요.

수상 교통

상업용 큰 바지선들이 미시시피 강을 오가요. 강이 워낙 넓고, 물살이 빨라 배가 다니기 좋은 강이지요. 잘 갖추어진 수문과 댐들이 배들이 지나 갈 수 있게 수면을 높이거나 낮추는 일을 해요. 바지선은 아주 커요. 가끔은 20척이 넘는 바지선을 이어 예인선으로 끌고 가기도 하는데, 이때 바지선의 총길이는 거의 500미터에 달해요. 이 배들은 농산물이나 농업 도구뿐만 아니라 석탄, 석유, 모래, 자갈 그리고 산업 쓰레기까지 나르지요.

커다란 바지선이 미시시피 강을 따라 내려가고 있어요.

전차

샌프란시스코의 도로는 세계에서 가장 가파른 편이에요. 예스러운 기계식 전차가 이 언덕바지 도시를 오르내리지요. 밝은 빛깔의 전차는 공중에 설치된 전선으로 전기를 공급 받아요. 이들은 샌프란시스코의 예스러운 매력을 더해 주지요.

전차가 샌프란시스코의 언덕길을 오르고 있어요.

파나마 운하

사람 힘으로 만들어진 파나마 운하는 대서양과 태평양을 잇는 운하예요. 한 해에 1만 2000대쯤의 배가 오가지요. 세계에서 가장 번화한 물길 가운데 하나예요.

유조선

캐나다와 멕시코는 천연 석유를 가공하지 않은 상태 그대로 미국에 주어요. 파이프라인이나 이 나라들을 오가는 트럭과 배를 통해 석유 공급이 이루어지지요.

미시시피 강을 따라서

짐을 싣고 모두 배에 올라요. 커다란 외차선이 이제 막 출발할 준비가 되었어요.
한 줄기 증기가 굴뚝에서 솟아올라요. 갑판에 발 디딜 틈 없이 서 있는 여행객들 모두가 들떠 있어요.
북아메리카에서 가장 긴 강, 미시시피 강에서 첫 여행이 시작되지요.
여행은 이곳 루이지애나 주에서 시작되어 강의 상류 미네소타 주에서 끝날 거예요.

배는 곧 재즈의 고향 루이지애나 주를 뒤로 하고, 빠른 물살을 타고 아주 큰 면화 농원을 지나가요.
면화 씨앗이 영글면 거두어 들이고 다듬어 공장에서 면사나 면직물로 만들어질 거예요.

강 상류로 가면 야생 자연이 있어요. 강둑에서 비버가 물속 집을 지으려고 나뭇가지를 모아요.
흰머리수리가 물고기를 잡으려고 머리 위를 날고, 옅은 밤빛 펠리컨은 가재와 뱀장어를 낚아채려고
긴 주둥이를 물속 깊이 집어넣어요.

계속 따라가다 보면 강은 넓어지고 세인트루이스의 높다란 게이트웨이 아치를 지나지요. 그러고는 미시시피 강
맨 처음 다리인 이드스교 아래를 지나요. 세인트루이스에서 드넓은 미주리 강이 미시시피 강과 만날 때
선장은 속도를 늦추고 모래사장 언저리를 지나요. 때때로 18척을 이은 바지선이 석유나 석탄, 철강, 목재를 싣고
반대쪽으로 칙칙 칙칙 지나가요.

바지선이 경적을 울려 인사하며 상대편 배도 커다란 경적으로 인사하지요.

배는 곧 테네시 주를 지나 켄터키 주에 이르러요. 땅은 판판해지고, 콩밭이며 밀밭이 지평선까지 뻗어 있지요. 일리노이 주와 아이오와 주의 대초원을 지나 미니애폴리스에 이르러서야 여행은 끝이 나요. 여기에서부터 강은 좁아져서 미네소타 주의 이타스카 호에 닿지요.

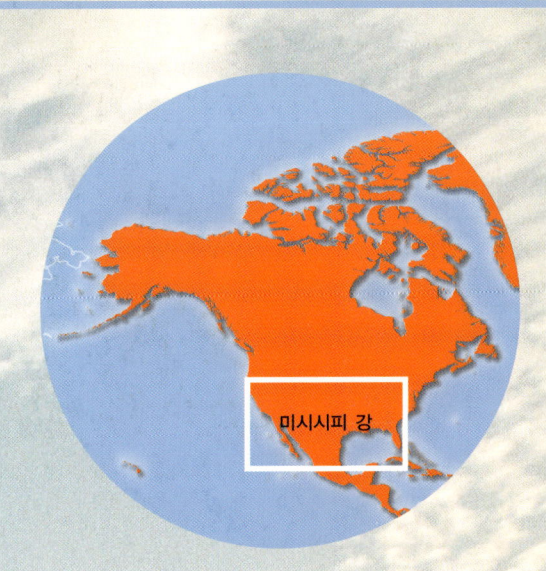

미국의 이름난 작가 마크 트웨인은 미시시피 강을 배경으로 수많은 이야기를 지었어요. 《허클베리 핀의 모험》에는 허크라는 소년과 도망친 노예 친구 짐의 이야기가 담겨 있어요. 허크와 짐이 뗏목을 타고 미시시피 강을 따라가는 모험 이야기예요. 이야기에서 마크 트웨인의 생각을 읽을 수 있어요. '모든 어린이는 진정한 모험을 꿈꾸며 어딘가로 떠나 숨겨진 보물을 발견하고 싶은 소망이 있다.'는 생각이지요.

용어 풀이

간헐천 뜨거운 물과 수증기가 뿜어져 나오는 곳이에요. 화산 지대에서 볼 수 있지요. 간헐천은 뜨거운 물과 기체가 땅 밑에서 충분히 쌓일 때마다 이따금씩 솟구쳐서 뿜어 나와요.

강 넓고 길게 흐르는 물줄기예요. 강은 대부분 바다로 흘러 들어가지요.

계곡 산이나 언덕 사이에 있는 낮은 땅이에요.

대륙 지구의 커다란 땅덩이를 일곱 개의 대륙으로 나눌 수 있어요. 유럽, 북아메리카, 남아메리카, 아시아, 아프리카, 오세아니아, 남극이지요.

대양 대륙을 둘러싸고 있는 커다란 소금물이에요. 대양은 지구 표면의 3분의 2를 넘게 차지하지요.

메사 꼭대기가 판판한 탁자처럼 생긴 바위 언덕이에요. 메사는 에스파냐 어로 탁자라는 뜻이지요.

바다 짠물이 모인 넓은 곳으로 하나로 넓게 이어져 있어요. 바다의 일부나 전부가 땅에 둘러싸여 있을 수도 있지요.

북극광(오로라) 지구의 가장 북쪽인 북극 지방의 하늘에 밝게 빛나는 예쁜 빛깔의 띠예요. 지구 대기에 있는 자기에 의해 생기지요.

분지 둘레가 높은 땅으로 둘러싸인 판판한 땅을 가리켜요. 보통 들판에 견주어 높은 곳에 있지요.

빙하 얼음, 돌, 흙이 덩어리를 이루어 강처럼 흐르는 거예요. 눈이 안 녹고 빽빽하게 쌓이면서 빙하가 되지요.

사막 흙이 오랜 세월이 지나면서 모래로 바뀐 아주 메마른 땅이에요.

산 땅에서 아주 높이 솟아 있는 곳이에요. 언덕보다 높지요.

섬 둘레가 물로 둘러싸인 대륙보다는 작은 땅을 가리켜요.

소다호 화산이 폭발할 때 나온 화산재로 만들어진 것인데, 화산재가 호수에서 물과 섞여서 소다라고 하는 소금을 만들어 내지요.

열대 우림 키 큰 나무와 식물 들로 우거져 있고, 사철 내내 잎이 푸른 숲이에요. 일 년 내내 매우 덥고 비가 내리지요.

짠물 호수 물에 소금기가 많은 호수예요. 건조한 기후로 물이 증발되면서 소금이 많이 남아 생긴 호수지요.

적도 남극점과 북극점 가운데에서 지구를 빙 둘러 그린 상상의 선이에요.

토네이도 원을 그리며 아주 거세게 부는 바람이에요. 회오리바람이지요.

협곡 아주 깊고 가파른 계곡이에요. 강이 빠르게 흐르면서 옆쪽을 깎아 내리면 협곡이 만들어지지요.

호수 땅으로 둘러싸인 커다란 물웅덩이예요. 아주아주 큰 호수는 '–해'라고 하지요.

화산 산꼭대기에 나 있는 지구 표면의 틈이에요. 화산이 폭발할 때 지구 깊숙한 곳에 있던 용암, 화산재, 뜨거운 가스가 이곳으로 뿜어져 나와요.

찾아보기

ㄱ
거북 17
그레이트플레인스 9, 19
금문교(골든게이트교) 26
과달라하라 19
광물 24
구리 24
그랜드 캐니언 8, 9, 11
그레이트베어 호 11
그레이트베이슨 9, 13

ㄴ
나이아가라 폭포 10, 11
나침반 4
낙엽수림 14
낙우송 15
난쟁이 버드나무 15
남극 4
남극권 4, 5
남회귀선 4, 5
넌출월귤(크랜베리) 15
네브래스카 주 12
뉴올리언스 7
뉴욕 18, 19, 22, 26
뉴펀들랜드 섬 26
능소화 15

ㄷ
대서양 4, 26
독립기념일 20
댈러스 19
디트로이트 19

ㄹ
러슈모어 산 23
레드우드 14
로스앤젤레스 19
로키 산맥 8, 9, 10, 13, 14, 17, 19
루이지애나 주 11, 28

ㅁ
마야 22
마우나로아 산 8
마이애미 19
마크 트웨인 29
매머드 동굴 국립 공원 8, 9
매켄지 강 11
매킨리 산 9
맨해튼 26
메사 9
메스키트 덤불 15
멕시코 만 11, 16
멕시코 시티 6, 18, 19, 20
면화 25, 28
모나크나비 16, 17
모하비사막 9, 15
목재 24, 25
몬테레이 19
몬트리올 18, 19, 26
미국너구리 17
미네소타 주 11, 28, 29
미니애폴리스 29
미시간 호 18
미시시피 강 9, 10, 11, 27, 28, 29
미주리 강 9, 10, 11, 28
미주리 주 12
밀 24

ㅂ
백야 23
뱀 16
버펄로 풀 15
북극권 4, 5, 13, 16
북회귀선 4, 5
브루클린교 26
비버 16, 17, 28
빙하 12

ㅅ
서와로 선인장 14, 15
사우스 다코타 주 23
산안드레아스 단층 9
산토끼 16, 17
상록수 9, 14
샌프란시스코 18, 19, 26, 27
석유 24, 25, 27, 29
세인트로렌스 강 11, 26
소 25
소노라 사막 9
솔트레이크 시티 11
순록 17
습지 15, 16
시애틀 19
시에라마드레 산맥 21
시카고 18, 19
실리콘밸리 24

ㅇ
아메리칸 인디언 21
아메리카들소 17
아이오와 주 12, 29
아즈텍 18, 22
아칸소 주 25
악어 16, 17
알래스카 6, 7, 9, 11, 12, 13, 18
애리조나 주 8, 14, 25
애틀랜타 19
애팔래치아 산맥 8, 9, 10
옐로스톤 국립 공원 10, 11, 22
오대호 10, 11, 18, 25, 26
오로라 13
오리건 주 11
오하이오 강 11
옥수수 24
와이오밍 주 10
왕프아풀 15
유콘 강 11
유타 주 11
은 24
이끼 15
이누이트 19, 21
이타스카 호 11, 29
일리노이 주 29

ㅈ
자유의 여신상 18, 22
자작나무 15
재즈 7, 28
적도 4, 5
조슈아 나무 15
지진 9
짠물 호수 9, 11

ㅊ
축척자 5
천연가스 24, 25
철 24, 25
치와와사막 9

ㅋ
카리브 해 4, 5, 7, 22
캐나다거위 16
캐나다스라소니 16
캔자스 주 12
캘리포니아 주 9, 13, 14, 24, 25
켄터키 주 8, 29
코요테 17
콜로라도 강 8, 11
퀘벡 7, 19
크레이터 호 11

ㅌ
태평양 4, 5, 8, 13, 26
테구시갈파 6
테네시 주 29
테노치티틀란 18
텍사스 24, 25
토네이도 12
토론토 19
툴레 마을 23
트랜스-알래스카 송유관 24

ㅍ
파나마 운하 27
판아메리칸 고속 도로 27
펠리컨 28
포포카테페틀 산 8, 9
푸레페차 21
퓨마 17
프레리 초원 15
프레리도그 16, 17
플로리다 주 15, 16, 17
플로리다키스 제도 11, 13
피닉스 19
피오르 해안 23
필라델피아 19

ㅎ
하와이 6, 8, 9
허리케인 13
화산 7, 8, 10, 11
회색곰 16, 17
한밤의 태양, 백야 23
후이촐 족 21
휴스턴 19
흰머리수리 17, 28

한눈에 보기

대륙
세계는 일곱 개의 대륙으로 나누어져 있어요. 북아메리카는 세계에서 세 번째로 큰 대륙이에요. 크게 캐나다, 미국, 멕시코 세 나라와 그린란드, 중앙아메리카와 카리브 해의 작은 나라들로 이루어져 있지요.

나라
크게 다섯 개 지역이 있어요. 북부의 캐나다, 중부의 미국, 북극과 가장 가까우며 덴마크에 들어가는 그린란드가 있지요. 중앙아메리카의 가장 큰 나라는 멕시코이며, 카리브 해의 수백 개 섬에도 나라가 많이 있어요.

바베이도스

지형
북아메리카의 경치는 다양해요. 서남부에 긴 산맥, 커다란 평원, 뜨거운 사막이 있는가 하면, 북부에는 얼어붙은 평원이 있어요. 로키 산맥의 눈 덮인 산은 서부 해안을 따라 뻗어 있어요. 넓은 황무지였던 대평원은 커다란 목장이 되었지요.

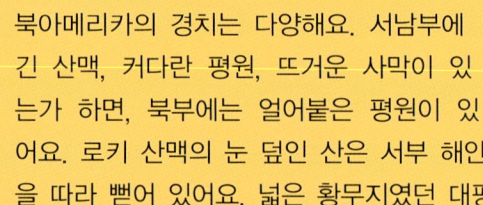

물길
캐나다에는 호수와 강이 매우 많아요. 미국과 캐나다 국경에는 이름난 나이아가라 폭포가 세차게 떨어지고 있지요. 동쪽에는 커다란 미시시피 강과 미주리 강이 로키 산맥과 애팔래치아 산맥 사이의 평원을 흘러요. 옐로스톤 국립 공원에는 아름다운 폭포며, 간헐천, 온천 따위가 있지요.

기후
여러가지 기후가 있어요. 남쪽에는 뜨거운 열대 숲이 있고, 북극권에는 얼어붙은 땅이 있지요. 그린란드는 빙하와 얼음이 있는 차가운 땅이에요. 거꾸로 남쪽에는 타는 듯한 메마른 사막이 있지요. 북아메리카의 대부분은 온난한 기후로 그리 덥지도 춥지도 않아요.

식물
상록수 숲이 북부와 서부에 발달해 있으며 국립 공원으로 지정되어 있어요. 가장 오래되고 큰 나무는 레드우드지요. 동부에는 활엽수들이 자라고, 중부 목초지에는 나무가 거의 없어요.

동물
북부 숲의 캐나다스라소니와 회색곰은 털이 많아 추위에 강해요. 프레리도그, 산토끼와 알록달록한 뱀들이 뜨거운 사막에서 살아요. 후텁지근한 플로리다 주의 숲에는 물새와 악어가 살아요.

인구
북아메리카에는 현대 도시가 많아요. 인구의 3분의 2쯤이 도시에 살고 있으며, 그 가운데 뉴욕이 가장 커요. 캐나다나 알래스카처럼 인구는 적지만 땅이 꽤 넓은 곳도 있지요.

민족과 풍습
지난 100년 동안 유럽, 아프리카, 아시아에서 많은 사람이 옮겨 와 살고 있어요. 이들은 원주민과 더불어 다양한 문화와 전통이 어우러진 다채로운 사회의 일부가 되었어요.

산업
북아메리카는 천연자원이 풍부해요. 숲과 기름진 농장에서는 옥수수, 면화, 콩, 밀을 비롯한 농작물들을 길러요. 석탄과 구리, 철, 원유, 천연가스, 은과 같은 귀중한 광물도 땅에 묻혀 있지요. 뛰어난 노동자들이 현대 산업과 기술을 발전시켜 왔어요.

교통
북아메리카는 철도와 고속 도로가 가로세로로 발달된 곳이에요. 도시 사이를 몇 시간이면 오갈 수 있는 항공 교통망도 발달해 있지요.

 # 꼬마 탐험가가 보는 지도책 (전 8권)

나라, 지형, 식물, 동물, 인구, 민족과 풍습, 산업 들에 이르기까지 세계의 여덟 곳을 생생한 사진과 눈에 쏙쏙 들어오는 그림으로 탐험해 보아요!

- **1권 유럽**

작은 대륙이지만, 50여 개 나라가 옹기종기 모여 있는 유럽으로 떠나요!

- **2권 북아메리카**

여러 문화가 함께 어우러져 있는 북아메리카로 떠나요!

- **3권 남아메리카**

자연의 순수함을 느낄 수 있는 남아메리카로 떠나요!

- **4권 동북·동남아시아**

세계에서 가장 많은 사람이 사는 동북·동남아시아로 떠나요!

- **5권 서남·중앙아시아**

독특한 자연과 문화가 있는 서남·중앙아시아로 떠나요!

- **6권 아프리카**

놀라운 자연이 살아 숨 쉬는 아프리카로 떠나요!

- **7권 오세아니아**

세계에서 가장 작은 대륙인 오세아니아로 떠나요!

- **8권 극지방과 바다**

신비한 극지방과 바다로 떠나요!